허술한 마음

임송자 시집

문학의전당 시인선
363

허술한 마음

임송자 시집

문학의전당

시인의 말

어릴 적 꿈이 시인이었다.
어머니는 가난한 꿈이라고 했다.
손바닥만 한 텃밭에 유채꽃이 한창이었다.
꽃을 좋아하면 가난하다고 했다.

나에게 시와 꽃은
가난을 버티게 해준 팽팽한 부력 같은 것이었다.

2023년 5월 민통선에서
소담 임송자

차례　　　　　　　　시인의 말

제1부

추억의 힘　13

김포 장날　14

살구를 줍는 아침　16

부추꽃이 피려 할 때　17

그늘에 대한 먼 기억　18

잡아준다는 말　20

다시 사는 법　21

민통선 38번지　22

환삼덩굴　24

날개를 위하여　25

그럴 리 없겠지요　26

밥　28

볕을 기리다　29

목부　30

빈집　32

제2부

사랑 35
적멸 36
수작 38
연민 39
부부 40
한강 하구에서 42
엎친 데 덮친 43
눈빛 44
애기봉 연가 46
꽃 47
환한 그늘 48
숫돌의 고백 50
상처에 꽃이 필 때 51
전류리 포구 52
미싱 54

제3부

찔레꽃　57

상처　58

초록을 동봉하다　60

겨울 들판　61

꽃눈　62

허술한 마음　64

늙은 집　65

상수리나무 아래　66

극락암에 이르러　68

다시 쓰는 사랑　69

누가 내 슬픔에 붉은 밑줄을 그었을까　70

선풍기를 읽다　72

행복　73

풍란의 발　74

헛꽃　76

제4부

곁 79
첫사랑 80
관계 82
헌 집 84
택배 85
독(毒) 86
슬픔도 뿌리를 가졌더라 88
기별 90
낙화 91
두꺼비에게 빌었다 92
개구멍 예찬 94
붉은 노을 96
눈 내리는 저녁 97
민둥선 엘레지 98
어둠의 빛 100
귀하는 신용불량자 102

해설 | 헐겁고 허술한 사랑의 풍요 103
강경희(문학평론가)

제1부

추억의 힘

어린 시절
금강의 그 푸른 벼랑 위에서
뛰어내리는 연습을 하지 않았더라면
나는 아직도 아래를 모를 것이다
안팎이 없는 강물
때때로 제 몸을 뒤집어 새것으로 흐르는
그 강가에서
볕 더운 여름을 나지 않았더라면
지금쯤 심하게 헌것이 되어 있을 것이다
모난 돌에 살점을 뜯기며
휘어져 흐르는 듯해도 가장 빠른 직선의 길이
물길이란 걸 알지 못했더라면
나는 아직도
꽃잎처럼 피고 싶다는 생각이나 하며 살았을 것이다
천생 덩굴식물처럼
남의 생이나 감으며 살았을 것이다

김포 장날

닷새장이 서는 날이면
생각도 허름해져서 아무나 불러
막걸리나 한 잔 어떠냐고 싱거운 소리를 하고 싶어지는데
그것이 사람과 사람 사이
두툼한 여백이란 걸 아는 이 있으면 맘 놓고 헐거워지는 것이다
여기서는
저물어가는 일도 흠이 되지 않는다
파는 사람이나 사는 사람이나
참 이상하게도 장은 저문 사람들이 더 어울린다
나는 지는 것들을 좋아한다
저물녘 노을이 그렇고 늙어가는 조용한 마음이 그렇고
물간 생선의 눈빛이 그렇다
전생이 여러해살이풀이었지 싶은
할머니를 중심으로
쑥갓이며 아욱이며 깻순다발 같은 푸성귀들이
순하게 둘러앉아 있다
애당초 한 뿌리였던 것처럼

무언가 하지 않으면 큰일 날 것처럼 연신 더덕 껍질을 벗긴다
　온종일 장마당에 풀포기처럼 꽂혀서 지나온 날을 사포질하는 저 손
　돌아서려는데 자꾸만 뻗어 오는 넝쿨손
　큰맘 먹고 떨이를 해왔다
　그녀도 함께

살구를 줍는 아침

살구나무가 손을 놓았다
거침없이 툭,
관계를 끊는 몸짓이 단호하다
열매를 놔 준
공중의 푸른 시간은 얼마나 가뿐한가
어둑하고 움푹했던 그늘이
일순 환하게 살이 찬다
열매들은 땅에서 더 겸손하다
낙과를 대하는 일은
무너진 것을 마주하는 일인데
줍는 마음도
떨어진 열매의 둘레도
그지없이 순하고 둥글다

부추꽃이 피려 할 때

무더운 여름이 지나고 추석 무렵
오래 돌보지 않은 텃밭에 부추꽃이 한창입니다
서로 얼굴을 맞대고 몽글몽글 앙증맞은
저것들도 깊은 궁리 끝에 피어난 것이겠지요
긴 꽃대가 작은 바람에도 흔들립니다
무수한 슬픔 또는 참 슬픔이란 꽃말을 알기도 전에
부추꽃을 보면 그리 슬펐을까요
그 슬픔 무너지지 않도록
들깨꽃 내음을 잠시 돌려보내야겠습니다
속 깊은 가을바람이 거들어줍니다
가을보다 먼저 네발나비가 찾아옵니다
낮은 산 낮은 언덕에 사는 작은 나비는
움찔거리는 부추꽃 아득한 허공을 읽을 줄 아는 거겠지요
슬픔도 오래 흔들리다 보면 꽃이 된다는 것을
이마 위 희디흰 별이 된다는 것을

그늘에 대한 먼 기억

 다섯 살 무렵이었지요 마당엔 뙤약볕이 잔뜩 내려오고요 찬물 끼얹듯 알 수 없는 섬뜩함이 잠시 스쳐갔는데요 그 순간 엄마가 내 손에 동전 한 알을 쥐어줬어요 아버지는 있었으나 방은 더없이 고요했어요 마실 나간 할머니에게 손바닥을 펴 보이자 나를 등에 업고는 잿고개 비탈로 부랴부랴 달려갔지요 망할 년 망할 년 하면서요 외갓집을 가려면 느린 강 두 개를 건너고 숨이 깔딱 넘어갈 것 같은 산을 두 번이나 넘어야 하는데요 할머니 등에 업혀서 바라다본 강 건너 염재길, 분홍빛 양산이 느릿느릿 가고 있었어요 나 그때 철없이 아주 철없이 어렸지만요 잡목 숲을 둥둥 떠가던 그 환한 빛깔이 그늘이란 걸 알 듯도 했어요 엄마는 가슴에 그늘을 두고도 하늘에 그늘을 만들어 세상을 절반으로 자르며 그렇게 떠 가고 있었어요 그 후 우리 집은 그늘 천지였어요 누룩 냄새 풍기는 아버지의 옹색한 거처도 할머니의 얼굴도 어린 나의 소꿉살이 밥상도 모두 모두 그늘이었으니까요 보다 보다 할머니는 마술을 부렸는데요 어린 그늘을 이용해서 큰 그늘을 데리고 온 거지요 입담 좋은 이웃 용구 할매 편에 어린 것이 그 어린 것이 지 애미 그늘이 그리워서 배실배실 말라간다고 그러다가 아무래도 클 나겠다고 외갓집 숫을대문을 무참히 흔들어 놓은 거지요 닷새장 해거름에 한 봉지 사탕과 함께 그늘과 그늘이 포개졌는데요 아, 지금도 잊을 수 없어요 그 들큰한 그늘 냄새를요 아직도 분홍빛 양산만 보면 가슴이 서늘해져요, 엄마

잡아준다는 말

돼지등뼈를 사러 총각네 정육점에 들렀다
월계수 잎을 덤으로 넣어주며 비린내를 잡으란다
고기가 지닌 익숙한 하나를 빼내라는 것인데
내 몸에서 여자를 빼라는 말처럼 들렸다
김포떡집을 지나 로또 명당을 지나
그 말이 나를 따라다녔다
잡아준다는 것
없애버리거나 빼버린다거나 다 속엣것을 죽이라는 일인데
그 말보다는 다정하지 않은가
하루의 쓸쓸한 끝은 노을이 잡아주고
나무는 열매를 잡아주고
뿌리는 흙이 잡아주고
사람은 서로의 일생을 잡아주고
분꽃들도 어느 저녁을 잡아주는지 눈매가 곱고
어둠이 얼마나 깊었는지 알아보려고
별들도 하늘을 꼭 잡고 걸어 나왔다

다시 사는 법

빗줄기가 흔들림도 없이
곧게 내려오는 것은
생각이 깊어져서 그렇다
하늘에서 땅까지 먼 길 오느라고
늙어버린 빗발들이
길바닥 아무 데나 드러눕는데
그렇게 수직의 일생이 짧게 가고 마는 것인가
아주 잠깐 생과 사의 간격을 생각하는 중인데
아니, 저, 저,
수평으로 살아나 물관으로 걸어 들어가는
천연덕스러운 빗물 좀 봐
비에게 한 수 배우는 우기의 나날

오늘
내가 나를 생각하고
비처럼 누웠다

민통선 38번지

마을은 구부러지고 귀가 어두워
조용하고 느리네
사람보다 새소리가 울울창창 우거지네
골목은 푸르고 성하나 아이들 울음소리 하나 업어 키우지 못하네
노인들은 유모차와 지팡이를 자식보다 더 믿는다네
흘러 흘러 생의 하구에 도착한 사람들
일이 없는 날의 노인정은 유모차 주차장이 되네
그들이 밀고 온 건 바람 든 세월과
자는 듯이 가고 싶은 가느다란 희망뿐이네
대문을 잠그고 나간 후 흘러오지 못하는 강물
우두커니 빈집을 지키고 서 있는 빛바랜 유모차
쓸쓸한 마음 한 켠을 건네보지만
소용없는 일이네
집은 더 이상 내려앉을 곳도 없어
수평을 잃고 누우려 하네
조만간 집도 숨을 끊을 모양이네
뒤안 쪽문 옆에 세워둔 지팡이는

푸른 싹을 올릴 것만 같네

바싹 독이 오른 풀이 노인들을 깔보는

민통선 38번지

환삼덩굴

남의 생을 휘감고 덮치는 게
저것의 일생이다
잔가시가 많아 맨살에 닿으면 따갑고 성가신 풀
무궁화 울타리를 점령한 저 발등을 찍어내야겠다고
잘 벼린 낫을 들고 나섰다

이 사람아
저것들도 살겠다고 나왔는데

낫질이 서툰 그가 실없는 말로
덩굴의 기세를 한껏 밀어 올린다
낫자루를 힘껏 내리치려다
아하, 목숨
벌써 꽃이 피고 꽃이 지고 어린 것을 가졌네
저 모진 생명을 지우기엔 좀 미안한 일이네

날개를 위하여

꽃밭을 매는데
손에 툭 하고 물렁한 게 와 닿는다
소스라쳐 하던 일을 멈추고 주변을 살핀다
에구머니나, 세상에서 제일 징그러운
푸르딩딩한 애벌레 수십 마리가
어수리 가지에 다닥다닥
산호랑나비 애벌레들도
임금님 수라상에 올랐다던 나물 맛을 아는 듯
대궁만 남겨놓고 푸른 잎은 모조리 먹어치운 뒤였다
내년 봄엔 여문 꽃씨를 텃밭 가득 뿌려
내 좋아하는 작은별님도 쪽빛님도 나눠줘야지 했는데
저 고약한 녀석들을 어떻게 혼내줄까
통통해진 몸은 미동도 없이
깊은 꿈을 꾸고 있는 걸까
한숨 푹 자고 나면 거짓말처럼 날개에 이르겠지
정량을 채우지 못한 내 삶과는 너무도 먼
무량한 공중의 균형을 잡아줄 날개를 위하여
한나절을 애벌레 푸른 똥과 싸웠다

그럴 리 없겠지요

한강 하구에서 이름을 잃어야 할 강물이
별일 없냐는 듯
내가 사는 마을을 둘러봅니다
물에 발목을 내린 갯버들 엉덩이도 토닥토닥
선잠에 든 어리연을 슬쩍 건드려보기도
꽃잎만 한 우리의 창문을 기웃거리기도 합니다
수문 옆 기슭
가파르지만 낮은 지붕을 이고 사는 몇 안 되는 사람들은
물결 같은 저녁을 지니고 삽니다
상수리나무에 세 든 까치집에 신방이 차려지지 않는다고 걱정도 해주고
잣나무 일생을 훔치는 청설모에게 박수를 보내기도 합니다
수문을 지나가는 물들은
천 갈래 만 갈래로 몸을 나누며 가죠
젖 먹이러 가는 엄마처럼 바쁜 걸음이거든요
봄이면 물 대러 가는 느린 노인들 논둑에 핀 버섯 같아
볕 좋은 언덕에 대추나무나 심어볼까
올봄에는 물빛 닮은 아이 하나 덜컥 낳아 줄

젊은 부부가 이사 왔으면 하는데
그럴 리 없겠지요 낮은 마음으로 흘러와서
강물처럼 출렁이며 살았으면 하는데
그럴 리 없겠지요

밥

어머니의 일생은 밥이다

아침 점심 저녁
밥 먹자는 어머니와
밥 밥 온종일 밥 타령이라고 투덜대는 아들과
더운밥처럼 후끈하다가
찬밥처럼 냉랭하다가

이 사람들아 밥을 우습게 보지 말게
그전에 우리는 쉰밥도 물에 빨아 먹었네
밥을 함부로 대하면 죄짓는 일이네

어머니는 전화 속에서도
밥을 잊지 않으신다

밥은 먹고 사느냐고

볕을 기리다

아주 오래 삶을 저지르기만 하였다
볕을 엎지르기만 하였다
목단꽃을 그려 걸기도 했지만
부귀는 독학처럼 어려웠다

거짓말처럼 어느 날 긴 봄볕을 만났다
폐허에 볕이 드니
두려워 봄을 한 겹 더 껴입었다

볕이 든다는 말
볕을 쪼인다는 말
볕에 말리고 그을린다는 말

나는
울창해지고 있는 중이다

목부

흔들리듯 자욱한 몸짓으로 하루를 건너는 남자
소똥이 사구처럼 쌓이면
그 언덕을 밀어내야 하는 남자
유구한 냄새의 복판에서
냄새를 베고 자고 냄새를 들추고 일어나는 사람
인도 늪지의 악어를 사냥한다는
엑시스사슴 물사슴 가우르물소 네뿔영양을 먹고 산다는
벵골호랑이를 닮고 싶은 사내
남자의 근육은 벵골호랑이의 포효를 닮았다
똥을 돌보는 일은 멸종 위기의 직업
이천 년 이상 된 고대 유적지의 유물처럼 그는 노역에 묻혀 있다
세상에서 가장 긴 해변과 부드러운 해안을 지닌
방글라데시에서 온 그는 목부다
아무나 보면 이뻐요 너무 이뻐요 한다
축제 같은 이 말은 그믐 같은 이국에서 안간힘으로 배운 말일 것이다
젖은 가슴 한 켠에서 꺼낸 사진 속 여인은 비눗방울처럼 웃

고 있다
　우리 와이프 쪼끔 이뻐요 한다
　저 힘으로 저 그리움으로 희망은 더 단단해지는 것
　간절한 것은 달빛에도 우거지는지
　그늘을 조금 기울였을 뿐인데
　큰 눈에 홍차 빛깔이 흥건하다
　어린 녹색을 다 빼내고 말린
　저 그리움의 발효

빈집

추석 달과 함께 왕구네 집에 갔더니
엎질러진 바람들만
도꾸야 도꾸야 부르며
개밥그릇을 밀고 다니네요
왕구 엄니 살았을 적
다음 장날 갚는다며 빌려 간 하이타이만큼
미안하게 오므려 담아가던 그 마음만큼
나를 찰지게 기억해주네요, 거미줄
갚지 않아도 돼요 도망치지 말아요,
검버섯 돋아난 함석 문 밀치고 들어가
아무리 기억 속을 두들겨도
왕구 엄니 얼푼 나와주지 않네요
지난여름
막내아들과 한바탕 어긋난 시절을 갈아엎고는
제초제 벌컥벌컥 들이마시고
개망초만도 못하게 시들었다나 봐요

제2부

사랑

우리 집 고양이 갑돌이는
들고양이 갑순이와 눈이 맞아서
제 밥그릇 다 내주고
그 옆에 뭉근하게 앉아
입맛을 다시는 일이
하루 중 가장 중요한 일과랍니다

적멸

담장이 고욤나무에게 기대었는지
고욤나무가 담장에게 기대었는지
서로가 서로에게 깊어지기로
단단히 맘먹은 것이다

바람도 어깨를 낮추고 들어가는 집
빈집의 뒤뜰에 아주 오래되었을
캄캄한 고욤나무 한 그루
추억을 달여 먹는 노인 같다, 비스듬히

번열(煩熱)을 제거하고 갈증을 그치게 하며
마음을 가라앉힌다는 고욤나무 열매
그 착한 품성이
빈집을 거느리며 사는 것이다

나는 바람보다 더 낮게 허리를 구부리고
고욤 털던 먼 날의 왁자함을 눌러 밟으며
그 집에 들어서 보는 것이다

수십 겹이나 되는 저 고요와
수만 근이나 되는 저 적막을
어디 가서 만날 수 있으랴

간신히 서 있는 나무는
죽어서도 할 일이 많다는 듯
허공에 팔을 들고
저녁 새들을 불러 모으는 것이다

수작

백일홍이 수두룩하게 피어났다
봉숭아도 채송화도 제 몸을 한껏 착즙하고 있는 아침
왕거미 한 마리가 꽃밭에 집을 짓는 중인데
꽃과 꽃 사이를 오가며
정토에 부리는 수작이 능란하다
꽃을 이웃으로
사방에 창을 낸 뜻은
거미 너도 맑은 날개를 가지고 싶었던 거지
날개를 삼키면 날개가 되는 줄 알았겠지
세상의 모든 날개를 유인한 죄
하여, 가뭇없이 그 많은 날
선과 선을 필사하며
실낱같은 필체로 진술서를 쓰는 거였구나
나도 날개를 꿈꾼 적 있지
내 몸을 끓고 세상 밖으로 날아가는 꿈
돋을 듯 날 듯
어느새 접히고 마는 여러 날들
나는 아직도 헛발을 딛는구나

연민

배춧잎 위에 배추벌레
부드럽게 구멍을 만들어갑니다

오래전부터 그렇고 그런 관계처럼
아무렇지도 않게 구멍과 구멍을 넘나듭니다

어느 날 배추벌레 보이지 않아
배추의 몸을 뒤져보니
겁먹은 벌레가 동그랗게 몸을 말고 있습니다

배추는
제 몸 가장 깊은 곳에 벌레를
숨겨두고 있는 겁니다

부부

늦가을 저녁 무렵
두 사람이 감을 따는 중이었다
언뜻 감나무와 씨름을 하는 것처럼 보였으나
가만히 살펴보면 한 사람은 가지를 즈려 잡고
한 사람은 붉은 열매를 취하는 것이었다
둘은 수어를 주고받듯 고요했다

나무의 중심은 점점 가벼워지고
계절도 공중의 무게를 거들었다
고단한 등허리 위로 풀물이 번지고 길이 난
봄부터 겨울까지
지어미는 들밥을 이어 날랐다
지아비는 논물에 젖은 개구리 울음을 달래고 어르며
벼꽃이 푸지게 피어나던 논둑을 지나
잘 영근 들판을 거두어들일 때까지
파스 한 장에 아픈 삭신을 맡긴 채
풍진 고랑을 걸어왔다

내일은 또 어느 섬에 가닿을까
부분과 부분이 겹쳐 어디론가 흘러가는
여정 한 묶음
흐르면서 자꾸 돌아보게 되는 부부라는 물살
하구로 갈수록 강폭이 넓어지는
이유가 있다

한강 하구에서

마음과 마음이 잘 겹쳐지지 않을 때
하구 쪽으로 가지를 펴는 일이 잦았습니다
물의 안쪽이 궁금해서지요
한 목숨 흘러와 바다에게 생의 전부를 바치는
저 강물에게 무슨 사연이 있는 건지요
물결과 물결이 만나서 저리 고운 물무늬를 만든다는 건
진정 사랑한다는 뜻이겠지요
물은 길을 만들 때 턱을 만들지 않는다면서요
그대와 나 사이에 만든 턱이 너무 많아서
한강 하구둑에 앉아 반나절을 같이했지만
춘풍에 펄럭이는 마음은 아직 멀기만 합니다
가능한 연한 가지를 내려
강물에 오래 적시고 싶었습니다
물의 마음을 닮고 싶어서지요
꽃잎처럼 순하게
물같이 바람같이 겹치고 싶어서지요

엎친 데 덮친

분천댁 할머니가 기어코 드러누웠다
들판의 나락들도 태풍에 다 쓰러졌다
죽은 입맛을 살려야 한다며 여름내 익모초를 베어 나르던
그 밭둑도 무너졌다

할아버진 무너지면 안 돼!

겨우 바람을 돌려보내고 서 있는 허수아비가
꺾인 팔을 애써 젓고 있다

눈빛

딱새 한 마리가 겨울 한철을 와서 살았다
창가에 심어 놓은 윤노리나무 열매 때문이다
제 몸 무게만 한 열매를 꼴깍 삼키고는
힘에 겨운지 꽁지를 위아래로 흔들었다
열매를 따 먹기 전에
사방을 두리번거리며 경계하는
검고 작은 딱새의 눈빛이 우스워서 겨우내 춥지 않았다

착한 먹이가 사라진 자리에 꽃눈이 오롯하다
딱새의 눈빛 탓이다
나무는 제 몸의 눈을 위해 일하고 눈을 위해 산다
여름 내내 눈을 먹여 살리고
솜털 옷이나 두툼한 가죽 옷을 입혀
애지중지 겨울을 난다

벚나무 동백 산수유 목련 물오리나무
둥글고 순한 눈을 한꺼번에 뜨면
봄이 오는 것이다

풀의 눈 감자의 눈 땅속의 알눈들까지
그 무량하고 선량한 눈빛들이 모여
세상이 환해지는 것이다

그대가 내게 오고
내가 그대에게 간 것도
다 눈빛 때문이다

애기봉 연가

한 사람을 지우는 일이
아득하기만 합니다

한 사람은
한 사람 밖에 있는데

기다린다는 것은
그리움을 간신히 돌보는 일

서늘하도록
아름답게 말라가는 일

꽃

나는 한 번도 꽃이 된 적 없네

'이 담에 크면 사내 몇 놈 홀리겠다'
다들 예언자처럼 굴었네
한 사내도 홀려 본 일 없이 어른이 되고 말았네
어른들은 이제 어른이 다 된 나에게
'꽃다운 시절엔 여러 남자 눈멀게 했겠수' 하는 것이네

우습다 꽃이여
피는 줄도 모르고 뜨거운 게 혹,
지나간다 싶었는데
어, 어, 어느새 내 몸에 꽃이 지려나 봐
얼굴이 붉어지다
가슴이 쿵쿵 뛰다
다시는 오지 못할 그 봄이 영 지려나 봐

환한 그늘

사람들이 떠난 마을 운양리를 지나오다
아직 기척이 없는 개나리 몇 가지를 덜어냈다
봄을 좀 끌어당기고 싶었다
마을은 동구 밖 쪽으로 귀를 모으고
빈 마당을 쓸고 있는 바람과 떠나지 못한 붉은 찔레 열매가
헛일처럼 적적하다

마른기침에 좋다는 그 열매를 따려는데
손등을 긁어대며 말을 거는 찔레 덤불에게
가능한 애절하게
찔레꽃 노래를 불러주었다

집과 집 사이
제 할 일이 없어진 탱자나무 울타리는
늙은 퇴직자처럼 맥이 빠지고
부드럽고 둥근 경계를 대신하던 살구나무 목련도
허한 봄을 어찌 나눠 쓸까 걱정이다

추억은 먼 데서 데려올수록
테두리가 선명하고 곱다고 했던가
먼 데 것들이 그리워서 피는 꽃이라면
못 견디게 그리워서 지는 그늘이라면
서러워 마라
세상천지 꽃그늘만큼 환한 그늘이
어디 또 있겠느냐

숫돌의 고백

날 세우는 데
한 생을 다 써 버렸다

녹슨 시간들이 붉게 다녀갔다

맘 벼르고 사는 데
생떼 같은 젊음도 다 써 버렸다

몸 축내며 시퍼렇게 살아온
몹쓸 세월이었다

상처에 꽃이 필 때

당신은 말이지요
뜯어보고 싶은 봉함우편이라구요
늦은 점심상처럼 배고프다가
나를 묶는 괄호였다가
마침표였다가 쉼표였다가
막소주에 취해서 쓰러지던
빈 꽃대였지요
인제 다 끝이다 싶어
잘 곪은 당신을 힘껏 짜버렸지요
그 후로
당신은 나의 상처였어요
가끔 당신을 폭음하고 돌아온 날은
붉게 붉게 새살이 돋아나서
그대가 가렵게 돋아나서
상처에 꽃이 피기도 했지만요

전류리 포구

팔당 근처에 사는 윤달이가
흐릿한 세상을 한가득 싣고
한강 하구에 사는 저에게 흘러왔습니다
윤삼월 초하룻날
더디게 오는 동생의 생일이기도 한데
비는 내리고
축축한 지느러미를 느릿느릿 움직여 포구로 향하는 길이었습니다
포구를 다 살라 먹을 거 같은 벚나무는
우리가 안 돼 보였는지
어깨 위에 꽃별을 달아주기도
더는 어둡지 말라고 헐렁한 주머니에
환하게 들어와 앉기도 했습니다

그날 따라 찬란한 봄은
눅눅하기만 하고
우리는 물처럼 엎드릴 줄도 몰라서
쓸쓸한 포구마냥 옹색하게 앉아

찬 소주에 바다 한 점씩 집어주는 일이
고작이었습니다

미싱

1980년 어느 봄
박아도 박아도 터지는
실밥 같은 세상 싫어
남영나일론 천안 공장을 나왔습니다
생산부 아가씨들은
불 켜진 야간 양계장 닭들처럼
팬티와 브래지어를 뽀얗게 잘도 낳았습니다
빠른 리듬의 음악에 맞춰
온밤을 박았습니다
들뜨는 열여덟을 촘촘히 누비고
꽃피는 봄날도 모조리 박았습니다
손톱에 눈물 나도록
자기를 버리고 간
애인을 박았습니다

제3부

찔레꽃

쉰 살이 다 되어가는 말더듬이 영수가
아직도 제 나이를 모르는 한 아이가
이거 꽃, 이거 꽃
외치고 있었어
어디 보자, 어디
아하 찔레꽃이 지고 있다구
그래 그래 찔레꽃
너도 백치처럼 더듬더듬
말문을 떼고 있구나
그 하얀 꽃잎 보고 좋아라 펄펄 뛰던 영수가
갑자기 지고 있었어
간질이라네 지랄병이라네
어질어질 아픈 뿌리가 흩날리고 있네

상처

참 우습게도 생은
주름이 풀려가는 주름치마 되어가네
정말이지 쌈박하게 살고 싶거나
칼칼하게 살고 싶었네
세월은 올 때마다 빼갈, 그 뜨겁고 독한 것으로 와서
불을 질러대는 거지
음, 그야말로 뒤끝이 깨끗하다고?
정신이 자주 아픈 나는 그렇지도 못했네
검불 같은 시간만 축내고 있을 뿐

여름 땡볕에 나가 상처를 마주했네
푸른 잔디를 깎는 노인들
깎을수록 풀들은 더 단단한 안쪽으로 날을 세우고
흔들리는 것은 오래된 사람들이었네
상처가 상처를 만들고 있네
뭉텅뭉텅 잘려 나오는 여름
풀들의 상처 위에 볕을 발랐네

고요히 향기로웠네

살아야겠네

초록을 동봉하다

나무의 맨몸에서 잎이 돋을 때
젖니가 돋을 때처럼 근질근질했는지 몰라
한 뼘씩 세상 밖으로 푸른빛을 밀어낼 때
아가의 첫걸음마처럼 아슬아슬했는지 몰라

나는 오래도록 헛발을 디디며 살아왔다는 생각
어림짐작으로 세상을 살아왔다는 생각

잎사귀 하나의 초록을
진종일 재고 또 재는 자벌레만도 못한 거 같아
가만가만 불편을 견디다가
그래도 꿈이 달았던 아주 먼 나에게
오월의 찬란한 초록을
동봉하고 싶은 것이네

겨울 들판

나도
이제 그만
쉬고 싶습니다

꽃눈

눈을 감고 캄캄하게 스위치를 내려버린 아버지
다시 켜 보려 했으나 어려운 일이었다
몸을 닫아버린 나무 한 그루
이쪽에서 저쪽으로 옮겨 심는 일인데
냉이꽃도 꽃다지도 차마 눈을 뜨지 못했다
산천의 이른 봄은
새로 심은 뿌리 쪽으로 물기를 실어 나르고
우리들도 살아온 날만큼의 습기 같은 걸
그 위에 보태주었다
다시 그림자를 만들어보라고 봄볕도 길게 맘을 써주고
꽃 같은 날들만 있으라고
머리맡에 일찍 철이 든 참꽃들 몇, 붉게 붉게 울먹였다
해마다 곱디고운 꽃눈으로 오시라고
아픈 꽃씨 하나를 묻어 놓았다
온몸에 눈을 달고 꿈을 꾸는
참꽃 가지 하나를 아버지마냥 데리고 왔다
물을 마셔봐요 어서
그리고 눈을 좀 떠봐요

누구는 눈을 뜨고
누구는 눈을 감는 제기랄, 봄

허술한 마음

하늘빛을 지닌 것도 아닌데
물빛을 닮은 것도 아닌데

한철은 꽃들이 흐드러지게 살다 가고
어느 늦은 저녁은 노을이 혼전만전 놀다 가기도 했다
울타리 없는 허술한 마음이어서
바람이 들락거렸고
흐뭇한 달빛도 자주 다녀갔다

손목이 나가고
무릎이 쑤시고

어제는
오래 기대어 살던 몸 한 모퉁이가 헐렸다

늙은 집

오래된 집 한 채를 흥정하러 갔다
집은 잘 익었고 너무 익어 짓무르기 직전이었다
눈시울이 깊어진 늙은 집의
고단한 기억을 깨우고 싶지 않았다
디귿자 모양의 안마당은
부대낄 그 무엇도 없다는 듯
푸른 이끼를 잔뜩 키우고 있었다
좀 성하다 싶은 것은
내 체구보다 작은 돌담이었는데
면과 면이 잘 포개져 바람을 되돌려 보내는 일에
성의를 다했다
사람 하나 겨우 들락거릴 문짝과
뒤안 감나무 두 그루가 가을을 지키는
하점우체국 지나 성당 뒤
딱 나 같은 세월 한 채
까치발을 하고 기웃거려야 겨우 보이는
늙은 집

상수리나무 아래

샘재 박씨네 추어탕 마당에는
백 살도 더 되는
상수리나무 두 그루가 살고 있지
서로 이마를 맞대고
그늘 만드는 일에 일생을 바친 노목
추어탕을 먹으러 온 사람들은
나무 아래 모여서
말간 그늘을 미꾸라지처럼 들쑤셔 놓곤 하지
나무는
뒤엉킨 마음을 풀어보려고
그늘을 이리저리 옮겨보기도 하지만
건너편 강바람을 불러들이는 일로
더운 가슴을 식힌다지

돈을 놓치고
꽃을 놓치고
사람들이 미끄러운 세월을 두고 수선을 떠는 동안
툭, 툭

상수리 열매를 내려놓는 일에 몰두 중인
가을 경전 두 그루

극락암에 이르러

집 떠나온 길이 이렇게 아름다운 줄 알았더라면
가출이라도 할 걸 그랬네

잊고 잃어서
버리고 가벼워져서 선정에 드는 길
염천 뙤약볕 아래 진흙탕에 발 담그고
시치미 떼고 있는 연꽃이거나
칠월 모감주 열매 제 맘 솎아내는 일쯤이라면
고요와 한판 맞붙어 볼 만도 한 것인데

쉽게 아주 쉽게 극락에 들어
남의 업을 탐내고 있으렷다
묵상 중인 극락암 된장 항아리가 일렀는가
독성각 가는 길 금꿩의다리 짓인가
영축산 능선 닮은 스님이 자작자작 오시네

차나 한잔하시지요, 그러시네
어린 찻잎이 뜨끔하겠네

다시 쓰는 사랑

자반고등어 한 손
살아 이루지 못한 사랑의 요약을 보네
앵두꽃 필 무렵 그리움만 얹어서
저 사랑을 읽어보네

봄빛 닮은 마음 꺼내어
같이 나누고 다시 개기도 했을 날들
죽어도 잊지 말자
물결 새겨 넣은 등허리와 등허리
그 막간에 저며 넣은 파도 몇 자락 뱃고동 한 움큼

봄여름가을겨울 켜켜이 절여 놓고
서로 속상할 일 없겠네
어느 온순한 바다의 일기인가
생의 균형을 놓치지 않으려 가지런한 지느러미
꼭 껴안은 가슴으로
돌아누울 일 아주 없겠네

누가 내 슬픔에 붉은 밑줄을 그었을까

동짓달 초사흗날
삼일월(三日月)은 뜨지 않고 겨울비가 내렸다고 했다
그 이후
세상의 모든 물들은 내게로 뿌리를 두는 듯했다
금강에서 한강 하구까지 흘러왔다
물길은 자주 꺾이고
읽히지 않는 시처럼 아무도 나를 읽으려 하지 않았다

민통선의 칠월은 우기의 나날이었고
철책들은 게거품처럼 쇳물을 뿜어냈다
나의 폐허를 파 보면 녹물이 솟을 것이다
빗줄기를 견디지 못하고 등골이 무너진 집
살다가 살아내다가 물을 버리고 떠나온 길
다시 물 같은 세월을 만나 또 엎지르고 말았지
아아, 맹물의 계보여
팔월에도 비는 계속 내리고
먼 기억에서 깨어난 물들은 바다로 가겠지

물든다거나
물이 오른다는 말
나뭇잎이 물들어 단풍이 되는 일처럼
누군가에게 물들어
한 잎 고운 단풍으로 살아도 좋으련만
이름 아래 붉은 밑줄 하나 그어줘도 좋으련만

선풍기를 읽다

약속이란 목숨 같아서
바람의 세계에도 그런 게 통하나 보다
막 만들어낸 시간을
핀처럼 꽂아주면 쉴 새 없이 웅얼거리며
뜨거운 세상을 향해
뱅뱅 미친다, 돈다

남편 잃은 후
꽃핀 꽂고 나간 점례 언니는
아직도 돌고 있나 보다
숫제 바람으로 사나 보다
미쳐 사나 보다

행복

피자두 목련 벚꽃 모과나무 제쳐두고
은행나무와 은행나무 사이에 빨랫줄을 걸었다
여름이 팽팽하다
그 사람 땡볕 아래서
허방한 세월의 녹물 같은 땀 줄줄 흘린다
더는 녹슬지 않을 나일론 끈
그 위에 어머니도 널고 나도 널고 그이도 넌다
흔들리지 않도록 드문드문 빨래집게도 물려 주었다
막연한 저 허공의 무게
가뿐하게 받쳐줄 바지랑대
하늘 한가운데를 찔러 보았다
하늘은
아득하지도 않았다

풍란의 발
—중봉 조헌 선생의 동상 아래서

한번 먹은 마음으로
돌에다 뿌리를 내리는 목숨이 있다
사람의 가슴으로 뻗어오는 천년의 뿌리
거친 바람 천길 벼랑도 두렵지 않다
바람의 상소를 움켜쥔 한 사내가
허공에 발을 내딛고 있다
높고 순결한 저 보폭의 음계는
어느 가파름으로 깃드는 붉은 목청일까
푸른 촉이 돋는다

지부상소
오늘은 낙조청강에 그냥 시인으로 오시면
포장집 술잔에서도 살구꽃이 필 테지요
봄볕에 그을린 당신 그림자 곁에서
꽃씨처럼 포슬포슬 꿈을 꾸는 일도 괜찮겠다
장터의 소란이 가만히 사그라들면
버들가지에 간고등어 한 손씩 꿰어 들고
들판의 실핏줄 같은 논두렁길을 따라

감정리로 스며들어도 좋을 저녁
새로 돋는 별들이 차례로 다녀가고
당신은 풍란 꽃 희디흰 함성으로 오시어
길눈이 어두운 계절의 한복판을
들었다
놨다

헛꽃

헛발을 많이 딛었다
헛바람도 들이켰다
헛꿈을 꾸고
헛구역질을 하며
헛사랑도 했다
그때마다 헛배가 불러왔다

평생을 바친 대가가
겨우 헛일이었다

제4부

곁

곁이란
가만히 이어져서 뜨겁게 하나가 되는 것인가 봐
아버지 곁의 어머니도 그랬던가 봐
봄 곁의 여름처럼
슬며시 기대어 조용히 우거졌나 봐

이른 봄
곁을 보내고
여름 내내 그 무덤가 잡풀이며 칡뿌리를 캐내는 어머니
칡뿌리 타고 고요히 흘러갈 것만 같아
오래된 내 곁 하나
아주 멀리 흘러갈 것만 같아
그 곁에 웅덩이처럼 고여 있는데

"느그 아부지가, 옛날 느그 아부지가 말이다……"

그렇게 말할 때는
아직도 숲처럼 우거지나 봐

첫사랑

감자에 잘못 돋은 싹을 따내고
캄캄한 냉장고에 처박듯 밀어 넣고 돌아서는데
어라, 어릴 적 뒷집 봉자 언니가
빡빡머리로 쭈뼛 거기 서 있네

'이모의 아들과 또 그 이모의 딸이 사랑한 기라'
'그래서는 절대 안 되는 기라'

날이 저물어도 내촌은 잠들지 않았네
철모르고 돋아난 싹을 독(毒)이라 여긴 아버지는
급기야 봉자 언니 첫사랑을 싹둑 잘라 버리고
골방에 가두었네 다음날 허술한 담벼락이
무너지고 언니도 바람처럼 사라졌네
화병에 그만 아버지도 꼴깍 사라졌네

오래전 일이네
한 스무날 그믐처럼 머물고 싶은 그대 있었네
오지게 빠져서 늪처럼 살고 싶었네

밀어내지 않고는 견딜 수 없는
맨 처음 고백은 무척 힘들었을 텐데
많이 아프기도 하였을 텐데
생각하면 감자에게 미안한 마음이네

관계

마을이 술렁인다
바람이 덮치고 간 벼논 앞에서 강간을 생각했다
당하는 것에도 질서가 있는 걸까
반항의 흔적 없이 일제히 드러누운 몸
그사이 바람은 알을 슬었나
정자 꼬리 같은 싹이 났다
과년한 딸 상한 맘 보듯
아버지 논둑을 서성이고 혼돈처럼 들쥐 집이 들어섰다

외롭지 않도록 네 포기씩 꼭꼭 묶어주어라
살살 구슬려 가슴으로 안아 세워야 한다

내가 쓰러진 나락을 일으키는 동안
얼마나 많이 나를 일으켜 세웠을까, 아버지
그래요 나는
아버지 가슴에 몰래 집 짓는 들쥐였거나
바람에 넘어진 벼 같은 것이었어요

편육처럼 얇아진

농주 사발 속에 폭 담긴 저 얼굴 아래로

고름처럼 떨어지는 나머지 세월

새참 술

헌 집

어머니
당신은 최초의 나의 집이잖아요
나는 그 집의 주인이고요

헌 집 주면
새 집 주는 두꺼비

그 바보천치 같은 두꺼비가
바로 어머니라는 걸
왜 이제사 알았을까요

택배

무주에서 김포까지 오느라고
자루 속 옥수수가 열이 났다
묶고 또 묶은 자루 입을 열자
후끈, 더운 어머니가 먼저 나오신다
"몸에서 단물 빠지면 맛 없응게 얼렁 쪄 먹그라."
전화 속으로 먼저 온 목소리 귓가에 맴돌고
앞으로 몇 번이나 이 푸진 열매를 받아볼 수 있을까
겹겹이 곱게 알알이 키워
몸 밖으로 밀어낸 막연한 그리움의 터럭 같은 수염
꿈에서도 흩어진 자식들 데려다가 가지런히 앉히는 일은
알갱이 하나에 한 가닥씩 바깥으로 길을 내주는
옥수수를 닮았다

옥수수 푸른 줄기 따서 흐트러진 머리를 고쳐 매고
밭고랑에 앉아 풀을 추려내던
먼 데 어머니
추억을 익혀 먹는 저녁이 서럽다

독(毒)

일찍이 큰대자로 누운 모습을 본 적이 없다
건새우처럼 구부려 모로 세운 몸
한눈에 봐도 불편한 잠이었다
이틀 술 마시고 하루 누워 살고
일어날 만하면 또 술의 나날이 이어지고
엄마나 나에게 아버지는 폐허였다
나는 울 엄마가
일생을 아버지를 지우며 산 줄 알았다
풀 먹인 홑청이불처럼 뻣뻣하게 아버지를 펄럭일 때마다
버러지만도 못한 인생이니 저승사자는 어디서 뭘 하는지 모르겠다느니
그런 말을 할 때마다 다 끝장나는 줄만 알았다
나는 버들잎 같은 엄마 목소리를 들어본 적 없다
잘 벼른 낫처럼 날이 서 있는 시퍼런 독만 기억할 뿐이다

은혜병원 치매 병동
아버지가 한 잎 한 잎 지고 있다
어쩌다가 새 잎사귀를 한 잎 밀어 올리는 날이면

"아여, 자네 힘든데 술 한잔하게" 그런다
오랜만에 아주 오랜만에 큰대자로 누운 병상의 아버지
그 앙상한 가슴팍 위로 닭똥 같은 눈물이 철철
울 엄마 일생이 무너진다
시퍼런 독(毒)이 녹는다

슬픔도 뿌리를 가졌더라

고구마 넝쿨을 들어 올리면 여기저기 딸려 나오던
크고 작은 알뿌리들
우리 여섯도 애초에 한 뿌리였으니
그 슬픈 뿌리를 들춰보련다
본래 슬픔이 뿌리를 가졌었나
순하고 맑은 한 몸이었나

낮잠을 자고 나면 마당 끝에 설핏한 햇살이 서러워서
울고 싶다던 연희야
깊은 산중에서 나무 한 짐 지고 내려와 들여다보던
맑고 찬 가을 금강의 속살이 시리도록 아팠다던 윤달아
이른 봄 강둑에 소름처럼 돋아오르는 갯버들의 솜털이
슬픔이라던 숙이야
초겨울 고춧대를 뽑고 온 어머니 몸에 비릿한 강물 냄새가
진저리나게 어두웠던 슬픔의 뿌리라던 막내 지희야
그리고 말하자면 할 말이 가장 많은
스님은 묵언 정진 그냥 웃고 말더라
내 속 가장 깊은 곳에 자주 왔던 지금은 스님인 명성아

다들 흘러갔으나 흘려보내지 못한 강물이여
꽃이 피는 일처럼
꽃이 지는 일처럼
이다지도 애틋한 것이냐
사무치는 것이냐

기별

묽은 죽이 그나마 먹을 만하다고 했던

대명포구 가는 길에 코스모스는 여전하냐고 묻던

지난여름에 들인 봉숭아 꽃물이 더디게 빠진다고 하던

사는 동네 자꾸 없던 길이 생겨난다고 걱정하던

언제 비린 것이라도 한번 먹자고 꼭 그러자고 했던

그녀는 가고 겨울만 왔다

낙화

마당가 능소화 한 그루가
여름을 쥐었다 놓았다
하루에도 몇 번씩 제 손목을 긋는다
낙화의 자태도 꼿꼿하다
삶과 죽음의 분별이 잘 되지 않는
독하다 꽃이여

남편 보내고
자식마저 먼저 보내고
창창한 생을 털리고도 시퍼렇게 살아가는
싸릿재 당숙모 같은 꽃이여
그 아픈 목숨 같아서
부릅뜬 주황이 섬뜩하다
죽은 듯 산 듯

두꺼비에게 빌었다

최초의 나의 집은 어머니라고 썼다
이제 닳고 낡은 시간이 사는 그 집을
헌 집이라 적었다

세월은 어느 날 가족에게서 아버지를 빼냈다
밭둑에 앉아만 있어도 큰 힘이라며
저 너머로 간 그림자를 그리워했다
그 후 헌 집이 많이 기울어졌다

어머니는 걷는 일이 가능하지 않았다
한 해 고추 농사를 마감하고 바꾼 돈을 손수건에 꽁꽁 싸서
'이것이면 한짝 다리 바꿀 값은 되겠냐' 하신다
울컥, 난데없이 폭설이다
'엄마도 아직 눈이 오면 좋은가?'
'그렇구말구, 이 나이에도 눈이 오면 겁나게 좋더니라'

산천의 바람이 저 무릎에 다 모였나
금강의 푸른 물 저 앙상한 골짜기를 흘러왔나

용케도 잘 흘러온 천근만근 저 다리
우리 육 남매 베고 놀던 무르팍
손등에 올린 모래집이 무너지지 않을 때까지
착해지지 않으면 안 되었다

어머니는
나의 신이며 두꺼비였다

개구멍 예찬

낙지를 파는 경희가 푸른 바다를 들고 와서
출렁대다 가기도 하고
어스름 저녁을 들고 내가 경희에게 가기도 했다
몸을 나지막이 구부려 동그랗게 말고 가야 하는 작은 구멍
울타리의 아픈 상처일 테지만
생각해보면 우리가 아픈 날이 더 많았다
구멍은 어둠으로 가는 길이지만
개구멍은 빛과 빛이 만나는 길이다
우리는
개구멍을 드나드는 바람과 채송화와 접시꽃 쪽두리꽃
그 부드러운 꽃내음을 묻혀
모서리도 테두리도 없는 입담으로
달처럼 환해지다가 별처럼 어둠에 가 박히기도 했다

개복숭아 개다래 개머루
생각만 해도 침이 고이는 이무러운 이름들
세상이 아득하고 캄캄해지려 할 때
개, 자에 힘을 주다 보면 어느새 개두릅처럼 잎이 핀다

추억을 만나러 갈 때
그리움을 만나러 갈 때
질러가는 길
개구멍

붉은 노을

몸이 기역자가 된 할머니 내외는
노을이 피는 길목에 해마다 수수를 심는다
그 깊은 눈매를 닮아 수수 알은 붉고 찰질 것이다
쑥쑥 자란 자식 같은 수숫대를 쳐다보려면
접은 몸을 펴야 한다
알알이 영근 수수 모가지 올려다보려면 더 많이 펴야 한다
그제서야 하늘을 마주한다
그윽한 노을이 붉은 노을에게 스며든다

저 들녘과 노을을 좀 봐
일생의 잔고 같은 건 아무것도 아니잖아
덜 가지고도 더 가진 것처럼 살자 하면
노을 진 하늘 만 평이면 족하겠다
저 평화로운 풍경 한 점 눈에 걸어놓고
사는 동안 붉은 노을 바라다볼
가슴 하나 온전했으면

눈 내리는 저녁

굵은 눈발들이 바람도 없이 내리는데
그 눈발보다 더 희고 실한 고요가
천지를 분간 없이 하는데
일부러라도 저 부드러움에 상처받고 싶은 저녁이네
저렇게 차갑고 가벼운 것이
이렇게 포근하고 깊은 것인가
이런 날 저녁이면
간고등어를 굽던 가끔은 눈발도 들이치던
허술한 부엌이며 귀 떨어진 부뚜막
흰 눈송이로 와서
뜨겁게 돌고 도는 것이네
깊은 곳에서부터 묽고 낡은 것들이 쌓여만 가는데
함부로 저 고요를 치울 생각이 없네

민통선 엘레지
— 집에게

울퉁불퉁한 마당에 어린 햇살들이 뛰어놀고 있었어
상처가 많은 집은
어깨에 걸친 거미줄과 이마에 핀 푸른곰팡이 꽃 사이로
간신히 봄볕을 끌어당기고 있었지
덜거덕거리는 현관 앞 돌계단 틈새로
할미꽃 한 송이가 산비둘기 울음을 받아 적고 있었지

거, 울도 담도 없는 것이
홍어 먹기 딱 좋은 집이구먼

홍어를 좋아하는 남자의 입담이 퀴퀴하고 텁텁했어
빈 장독대를 서늘하게 기어오르는 환삼덩굴은
더듬더듬 누대를 기억하려 애쓰고 있었지

그날 애달픈 산비둘기 울음만 아니었다면
고개 들지 못하던 할미꽃을 만나지 않았더라면
철없이 뛰어놀던 어린 햇살을 마주하지 않았더라면
통증으로 웅웅대던

이 집에 세 들지 않았으리
습기를 견디는 욕실용 시계처럼
눅눅한 그 품에 머물지 않았으리

어둠의 빛

그녀의 지난 이야기들은
그믐처럼 깜깜하고 아득하다
고구마순이 무성한 밭 끝머리쯤
꼬챙이같이 마른 그녀의 아픈 날들이 박제되어 있다

어느 날 갑자기 부서진 남편의 생애와
반짝이던 기억을 놓친 노모의 병시중
그리고 입속의 혀 같은 네 자식들
둥근 화단의 꽃마냥 피우고 싶어
해와 달 분간 없이 천 길 불 속이라도 뛰어들듯
그렇게 살아왔다는데
벼락과 천둥이 오가고 폭우가 잦은 꿉꿉한 날들이었다는데
오늘 아침 햇고구마를 한 소쿠리 삶아 내오며
분꽃처럼 웃는다
환한 웃음 그 안쪽에 잡힌 물집들은 얼마나 아팠을까
빈 곳간의 허기진 슬픔을 어떻게 건너왔을까
저 작은 체구로 밀어내던 어둠의 빛은 다 청산된 걸까

사는 일이
급히 세운 천막 같았어라
날아갈 듯
꺼질 듯

귀하는 신용불량자

숫자에 늘 약했지
거스름돈을 받지 않고 돌아올 때도 있었지
그래프를 읽는 법
돈을 날렵하게 거머쥐고 세는 일에도 서툴렀지
만 단위가 넘어가면
동그라미를 일일이 헤아려 봐야 알았지

이름 없는 들꽃이라지만
기막히게 그들의 이름을 알았지
나무 이름 별자리 나비 풀벌레 이름까지
달달 외우는 나는 자연 중독자
그러나 그러나
세상에서 제일 머리 아프고 어려운 건 숫자라는 거
수(數)의 근방은 매우 두려웠지

귀하의 검사 결과는
신용불량자

해설

헐겁고 허술한 사랑의 풍요

강경희(문학평론가)

 사랑은 마음을 맞추는 일이다. 기어이 너에게 닿아서 하나가 되려는 마음이다. 그런데 사랑의 모양과 성질은 좀처럼 고정되질 않아 우주 도킹(space docking)보다도 어렵다. 상대를 향해 달려가는 제 마음의 속도와 궤도를 조절할 수 있으면 좋으련만, 몸과 눈의 시그널은 언제나 서로를 놓치거나 빗겨 간다. 젊은 날의 광휘와 열정의 사랑이 실패했다면 모자람보다는 어긋남에 가까울 것이다. 질주의 마음과 안착의 마음이 서로를 껴안을 수 없을 때, 사랑은 시름시름 앓는다. 앓음은 고통과 상처를 남긴다. 그리고 시간이 흘러 그 신열이 남긴 얼룩이 흐릿해질 때야 비로소 사랑이 남긴 아름다운 무늬를 관망할 수 있게 되곤 한다. 임송자의 시는 육박해 오는 간절한 사랑의 시간, 그 이후의 마음의 표정을 그리고 있다. 신생의 물결로 넘실거리는 강의 상류가 아니라, 온갖 부침(浮沈)이 만들어낸 유유한 하구의 풍경을 담아낸다. 흐르는 강물처럼 마주해야 했던 인생의 고비에서 시인은 어떤 사랑을 마주했을까.

> 마음과 마음이 잘 겹쳐지지 않을 때
> 하구 쪽으로 가지를 펴는 일이 잦았습니다
> 물의 안쪽이 궁금해서지요
> 한 목숨 흘러와 바다에게 생의 전부를 바치는
> 저 강물에게 무슨 사연이 있는 건지요
> 물결과 물결이 만나서 저리 고운 물무늬를 만든다는 건
> 진정 사랑한다는 뜻이겠지요
> 물은 길을 만들 때 턱을 만들지 않는다면서요
> 그대와 나 사이에 만든 턱이 너무 많아서
> 한강 하구둑에 앉아 반나절을 같이했지만
> 춘풍에 펄럭이는 마음은 아직 멀기만 합니다
> 가능한 연한 가지를 내려
> 강물에 오래 적시고 싶었습니다
> 물의 마음을 닮고 싶어서지요
> 꽃잎처럼 순하게
> 물같이 바람같이 겹치고 싶어서지요

―「한강 하구에서」 전문

"진정 사랑한다는 뜻"은 무엇일까. 시인은 "턱을 만들지 않는" 것이라 말한다. "물은 길을 만들 때 턱을 만들지 않는다"는 표현이 의미하듯 서로의 차이와 높이를 없앨 때 '길'이 생긴다는 것이다. 그러나 길은 결코 한순간에 만들어지지 않는다. "춘풍에 펄럭이는 마음"처럼 뜨거운 청춘의 시간이 필요하고, "강물에 오래 적시고 싶"은 침잠의 시간이 요구되며, "한 목숨 흘러와 바다에게 생의 전부를 바치는" 투항의 시간이 필요하다. 그 오랜 풍상의 "사연"이 모여 물길과 물길이 만나는 '길'은 완성된다. 이처럼 사랑이 만든 길은 지난한 시간을 통과하면서 얻게 된다. 깎이고 낮춘 물길의 시간, "꽃잎처럼 순하게", "물같이 바람같이" 자연을 닮으려는 겸허한 마음으로 마주하게 된 시간이다.

임송자가 그리는 자연이 물리적 세계 이면을 느끼게 하는 것은 자연을 은유한 존재론적 성찰을 보여주기 때문이다. 임송자에게 사랑으로 깊어진 존재의 시간은 외피의 시간이 아니라 속살의 시간이다. 시인은 "물결과 물결"이 일으키는 격랑의 파동에 주목하지 않고 "물의 안쪽" 그 보이지 않는 생의 본질을 탐색한다. 이는 현상의 외면이 아니라, 현상을 발현시킨 삶의 본원적 형질을 찾으려는 태도이다.

눈에 잘 보이지 않는 세계를 보려면 다른 눈을 가져야 한다. "물의 안쪽"은 잘 보이지 않는 세계이다. 그 안쪽을 알고, 이해하기 위해 화자는 몸 전체를 거대한 눈으로 바꾼다. 물에 몸을 담글 때 물의 안쪽은 드디어 보이기 시작한다. "하구 쪽으로 가지를 펴는 일" "연한 가지를 내려/강물에 오래" 몸을 드리우는 것은 세계를 관조하려는 태도가 아니라, 온몸으로 세계를 보고 가담(加擔)하겠다는 의미에 가깝다. 이는 주어진 생의 시간을 온몸으로 끌어안으려는 사랑의 마음이다.

날 세우는 데
한 생을 다 써 버렸다

녹슨 시간들이 붉게 다녀갔다

맘 벼르고 사는 데
생떼 같은 젊음도 다 써 버렸다

몸 축내며 시퍼렇게 살아온
몹쓸 세월이었다
―「숫돌의 고백」 전문

"날 세우는 데/한 생을 다 써 버렸다"는 아픈 고백이다. "맘 벼르고 사는 데/생떼 같은 젊음도 다 써 버렸다"는 말은 자성의 발설이다. '세우고' '벼르고'라는 표현이 함의하듯 그것은 세계와의 대결을 의미한다. 지지 않으려는 마음, 꺾이지 않겠다는 의지, 물러나지 않겠다는 결의이다. 「숫돌의 고백」은 이렇듯 팽팽하게 날을 세운 젊은 날의 패기와 결기를 의미하기도 하지만, 자신의 질서와 방식을 고집했던 삶의 진통을 고백하는 것이기도 하다.

그 "시퍼렇게 살아온" 세계와의 대결을 시인은 "녹슨 시간" "몹쓸 세월" "다 써" 버린 "한 생"이라 말한다. 그렇다면 "생떼같은 젊음"을 모두 부질없는 시간에 헌납했다는 안타까움일까, 후회일까. 그렇지 않다. 「숫돌의 고백」은 지나온 세월에 대한 탄식이나 한숨이 아니다. 시퍼렇게 날 선 칼날의 시간을 통과하면서 깨달은 '인생의 의미'이며, 성숙한 존재로 거듭난 '깨달음의 시간'이다.

존재의 깊어짐은 저절로 획득되지 않는다. 그것은 갈등과 번뇌, 착오와 후회, 망설임과 무모함으로 뒤척이던 날들로부터 온 것이다. 인생이란 "나를 묶는 괄호였다가/마침표였다가 쉼표였다가/막소주에 취해서 쓰러지던/빈 꽃대"(「상처에 꽃이 필 때」)처럼 외롭고 처연한 것이며, "박아도 박아도 터지는/실밥 같은"(「미싱」) 모순투성이이며, "뜨겁고 독한 것으로 와서/불을 질러대는"(「상처」) 아픔이다. 시인은 젊은 날의 애환과 상처, 연민과 실수, 사랑과 고통을 고백한다. 그리고 이제 생의 늙음을 지켜보는 인생의 시간 앞에 서 있다. 주목할

것은 임송자는 쉽게 달관과 관조의 언어로 생을 노래하지 않는다는 점이다.

  시인은 옹이처럼 존재의 내면에 켜켜이 쌓인 질박한 인생의 상처를 수긍함으로써 삶의 난관을 넘어설 수 있다고 말한다. 이는 세계와의 치열한 대결로부터 세계와의 화해로 인생의 방점이 이동했음을 의미한다. 중요한 것은 세계와의 대결을 통한 '극복'이 아니라, 세계의 질서와 자연의 원리에 '자기를 내어주는' 겸허의 철학을 배웠음을 함의한다. 세계와 자신의 대결에서 화해와 조율로의 이동은 임송자가 추구하는 인생의 가치와 방향을 가늠할 수 있는 중요한 시적 코드이다. 이제 시인은 방어와 대결을 위해 자기 인생의 시간을 허비하지 않는다. 오히려 세계에 자신을 내어주는 것, 조금씩 서서히 깊어가는 세계의 안쪽에 존재의 거처를 적극적으로 마련하는 데 관심을 쏟는다.

    하늘빛을 지닌 것도 아닌데
    물빛을 닮은 것도 아닌데

    한철은 꽃들이 흐드러지게 살다 가고
    어느 늦은 저녁은 노을이 혼전만전 놀다 가기도 했다
    울타리 없는 허술한 마음이어서
    바람이 들락거렸고

         흐뭇한 달빛도 자주 다녀갔다

                    —「허술한 마음」부분

 '허술한 마음'은 '성긴 마음'이다. '느슨한 틈'의 여유다. 견고하고 단단하고 빈틈없는 것으로부터 물러나는 것이다. 누구에게도 무엇에게도 자기를 내어주지 않겠다는 방어의 태도를 버리는 것이다. 세상의 풍경을 들이는 것, 대상과의 경계를 지우는 일이다. 존재와 존재 사이에 '드나듦의 공간'을 만드는 일이다. "흐드러지게 살다 가고" "혼전만전 놀다 가"고, "들락거"리고 "자주 다녀"가는 이동의 공간은 시간의 틈을 벌리려는 시도로 인해 가능해진다. 이처럼 여유와 틈을 가질 수 있는 것은 완고했던 자신의 질서와 원칙을 깰 때야 가능한 것이다.
 「허술한 마음」은 시간이 바뀌고 계절이 흐르듯 자연스럽게 변화된 것처럼 그려지지만, 사실은 허술해지기 위해, 느슨하고 헐거워지기 위해 화자가 선택한 적극적 의지라 할 수 있다. 세계를 내 안에 들인다는 것은 자기 무장의 장벽을 낮출 때 가능하다. 경계를 지우고 턱을 없앨 때 세계는 만나고 열린다. 날 선 대결의 마음에서 허락과 여유를 갖게 되는 것은 자기 박리(剝離)의 의지와 정신에서만 가능하다. 단단한 성채의 마음을 버리고 느슨하고 헐겁고 허술한 것을 사랑하는 것이 어떻게 가능하단 말인가. 그것은 생의 찬란함만큼이나 웅숭깊은 그늘의 아름다움도 알기 때문이다.

임송자 시인에게 '그늘'은 이중적 의미로 발현된다. 어둠을 포함한 그늘의 부정성은 그의 경험에 삼투하면서 자기 성장과 돋음의 발판으로 기능한다. 「그늘에 대한 먼 기억」, 「밥」, 「빈집」, 「곁」과 같은 시편들은 모두 어린 시절, 가족, 어머니, 고향의 이미지와 중첩된다. 그것은 그늘인 동시에 삶의 희망으로 작동한다. 성숙한 존재에 이르는 길은 저절로 도달되는 것이 아니다. 생에 대한 지극한 사랑으로 가능하다. 임송자는 그늘의 상처를 사랑으로 전환시키고 있다는 점에서 역동적이다.

> 사람 하나 겨우 들락거릴 문짝과
> 뒤안 감나무 두 그루가 가을을 지키는
> 하점우체국 지나 성당 뒤
> 딱 나 같은 세월 한 채
> 까치발을 하고 기웃거려야 겨우 보이는
> 늙은 집
>
> ―「늙은 집」 부분

> 서로 이마를 맞대고
> 그늘 만드는 일에 일생을 바친 노목
> …(중략)…
>
> 돈을 놓치고

꽃을 놓치고

사람들이 미끄러운 세월을 두고 수선을 떠는 동안

툭, 툭

상수리 열매를 내려놓는 일에 몰두 중인

가을 경전 두 그루

—「상수리나무 아래」 부분

저 들녘과 노을을 좀 봐

일생의 잔고 같은 건 아무것도 아니잖아

덜 가지고도 더 가진 것처럼 살자 하면

노을 진 하늘 만 평이면 족하겠다

저 평화로운 풍경 한 점 눈에 걸어놓고

—「붉은 노을」 부분

 낭만주의자들은 해가 지는 박명(薄明)의 시간을 사랑했다고 한다. 밝음과 어둠이 섞이는 혼재의 시간을 갈망함으로써 충돌하는 우연, 길항하는 아름다움, 공명하는 우주적 질서를 발견하는 미감을 성취하려 했다. 그들은 이상화된 자연과 낭만적 이상주의를 통해 허물어져 가는 세계로부터 도피하거나 세계와의 불화를 승화하려 했다. 임송자 시인도 노을을 사랑한다. 박명의 시간을 끌어안는다. 임송자 시인이 사랑하는 석양의 시간은 이상적 자연이 아니라 메타포된 인생이다. 피와

살로 살아낸 늙어감의 현실을 사랑하는 방식이다. "늙은 집"에서 "세월 한 채"를 응시하고, "일생" "그늘 만드는 일"에 헌신한 "노목"을 정겹게 바라본다. "평화로운 풍경"이 "노을 진 하늘"에 있음을 이해하는 연륜의 지혜이다. 존재의 거처에 그늘의 아름다움을 허용할 수 있는 이유는 '여백의 의미'와 맞닿아 있다.

> 닷새장이 서는 날이면
> 생각도 허름해져서 아무나 불러
> 막걸리나 한 잔 어떠냐고 싱거운 소리를 하고 싶어지는데
> 그것이 사람과 사람 사이
> 두툼한 여백이란 걸 아는 이 있으면 맘 놓고 헐거워지는 것이다
> 여기서는
> 저물어가는 일도 흠이 되지 않는다
> 파는 사람이나 사는 사람이나
> 참 이상하게도 장은 저문 사람들이 더 어울린다
> 나는 지는 것들을 좋아한다
> 저물녘 노을이 그렇고 늙어가는 조용한 마음이 그렇고
> 물간 생선의 눈빛이 그렇다
> 전생이 여러해살이풀이었지 싶은

할머니를 중심으로
쑥갓이며 아욱이며 깻순다발 같은 푸성귀들이
순하게 둘러앉아 있다
애당초 한 뿌리였던 것처럼
무언가 하지 않으면 큰일 날 것처럼 연신 더덕 껍질을 벗긴다
온종일 장마당에 풀포기처럼 꽂혀서 지나온 날을 사포질하는 저 손
돌아서려는데 자꾸만 뻗어 오는 넝쿨손
큰맘 먹고 떨이를 해왔다
그녀도 함께

—「김포 장날」 전문

  이 시집을 끌고 가는 중요 서사의 한 국면과 만난다. "헐거워지는 것" "저물어가는 일" "지는 것들"이다. 모두 낡고 허물어지고 노쇠하고 죽음을 향해 가는 것들이다. 시인은 아래로 떨어지는, 기울어져 가는 시간 앞에 자기 존재를 세운다. 생성의 생명이 아니라 사멸의 생명에 눈을 돌린다. "저물녘 노을"의 하늘은 자기방어의 빗장이 열리는 시간이다. "생각도 허름해져서 아무나 불러/막걸리나 한 잔 어떠냐고 싱거운 소리를 하고 싶어지는" 느슨한 마음의 시간이다. 특히 시의 서술어를 주목해 보면 화자의 마음 상태가 어떠한지 확연히 드

러난다. '불러' '싶어' '어울려' '좋아한다'와 같은 긍정의 상태는 하락을 의미하는 석양의 방향성과 확연히 대조된다. 태양의 하강과 어둠을 향해 가는 시공간의 이미지는 자기 밖의 타자를 향한 열림과 사랑을 부각시키는 데 활용된다.

"저물녘 노을이 그렇고 늙어가는 조용한 마음이 그렇고/물간 생선의 눈빛이 그렇다"라는 구절에서 반복되는 '그렇고' '그렇고' '그렇다'는 표현은 죽음을 향하는 인생을 긍정하는 강조이다. 전통 장날에 만난 "저문 사람들"에게서 시인은 팍팍한 계산의 논리, 현실의 법칙, 이기적 승패에서 벗어난 삶의 여유로움을 발견한다. 그것은 "흠" 없는 '새것'에만 몰두하는 세계가 아니다. "두툼한 여백"은 손상되고 허물어지고 죽어가는 것들을 다 받아내는 넓은 관용이다. 시인은 늙음을 통해 나와 타자의 경계를 지우는 관용의 정신을 역설한다. 척박하고 피폐한 경쟁의 시대에 헐거워지는 일이란 얼마나 어려운 일인가. 더 강하고 단단하게 자기의 성벽을 쌓아 높아지려는 세태를 역행하는 것은 얼마나 무모한 것인가. 임송자 시인은 그 어려움을 감당하고 그 무모함을 사랑한다. 존재의 성숙, 타자에 대한 사랑, 세계 이해의 본질을 시인은 겸허한 자기 낮아짐에서 찾는다.

    살구나무가 손을 놓았다
    거침없이 툭,

관계를 끊는 몸짓이 단호하다

열매를 놔 준

공중의 푸른 시간은 얼마나 가뿐한가

어둑하고 움푹했던 그늘이

일순 환하게 살이 찬다

열매들은 땅에서 더 겸손하다

낙과를 대하는 일은

무너진 것을 마주하는 일인데

줍는 마음도

떨어진 열매의 둘레도

그지없이 순하고 둥글다

─「살구를 줍는 아침」 전문

    임송자의 시가 종교적 관념을 표방하고 있지는 않지만, 시적 기질과 방향이 구도적 차원을 향하고 있다는 점은 간과해서는 안 될 부분이다. 공중의 열매가 아닌 "낙과를 대하는 일"에서 시인은 "겸손"을 배운다. 겸손이란 떨어지는 것이다. 무너지는 것이다. 그것은 실패와 죽음을 연상시키지만, 화자는 그 실패와 죽음의 이미지에서 "그지없이 순하고 둥"근 열매를 본다. 자연과 싸우려는 저항과 대결로부터 시인은 순응의 순함을 발견한다. 이 순응은 굴종이 아니기에 숭고하고, 강제가 아니기에 아름답다. 시인은 거대한 존재, 우상화된 자연을 거부한다. 작고 낮고 미세한 대상에 눈을 돌린다. "낮은 산 낮은 언덕에 사는 작은 나비"(「부추꽃이 피려 할 때」)처럼 낮은 언덕의 나비를 사랑의 눈으로 바라보고, "분꽃들도 어느 저녁을 잡아주는지 눈매가 곱고"(「잡아준다는 말」)처럼 작은 꽃들이 오히려 큰 밤의 공간을 잡아준다. 작고 연약하고 늙고 어두워져 가는 것들을 사랑할 때 세계의 부정성은 약화된다. 어둠과 늙음, 그늘과 죽음, 하강과 배후에서 생의 긍정과 밝음을 발견하는 것은 역설적이다. "흘러 흘러 생의 하구에 도착한 사람들"(「민통선 38번지」)의 쓸쓸함을 애무하고, "허공에 팔을 들고/저녁 새들을 불러 모으는"(「적멸」) 어둠의 생명을 껴안는 시인의 행동은 사랑의 마음이 아니고는 설명할 길이 없다.

늙음으로 가는 인생의 항로에서 시인은 견딤이나 버팀으로의 삶을 선택하지 않는다. 젊은 날의 치열하고 뜨거웠던 열정보다 더 깊고 넉넉한 사랑의 길로 자신을 내어놓는다. 그늘 한쪽 들이지 않겠다는 각박한 인정이 아니라, 비록 헐겁고 허술하지만 따뜻한 마음의 한 자리를 내민다.

> 어린 시절
> 금강의 그 푸른 벼랑 위에서
> 뛰어내리는 연습을 하지 않았더라면
> 나는 아직도 아래를 모를 것이다
> 안팎이 없는 강물

때때로 제 몸을 뒤집어 새것으로 흐르는

그 강가에서

볕 더운 여름을 나지 않았더라면

지금쯤 심하게 헌것이 되어 있을 것이다

모난 돌에 살점을 뜯기며

휘어져 흐르는 듯해도 가장 빠른 직선의 길이

물길이란 걸 알지 못했더라면

나는 아직도

꽃잎처럼 피고 싶다는 생각이나 하며 살았을 것이다

천생 덩굴식물처럼

남의 생이나 감으며 살았을 것이다

—「추억의 힘」전문

  슬픔에도 힘줄이 있다면 임송자의 힘줄은 질기고 헐겁다. 쉽게 끊어지지 않고 해지지 않는 것이 질김의 성질이겠지만, 임송자에게서 단단하고 치밀한, 빈틈없고 견고한 질김을 찾으려 한다면 시 읽기에 실패하게 된다. 그의 힘줄은 허름한 견딤이며 흔들리는 강물을 닮았다. "푸른 벼랑 위에서/뛰어내리는 연습"을 하는 이는 사랑으로 온몸의 투항을 하는 사람이다. "모난 돌에 살점을 뜯기며/휘어져" 흘러본 이는 상처에서 돋은 생명의 소중함을 배운 것이다. 임송자 시인은 "꽃잎" 같은 화려함에 기대지 않고, 더 낮고 작고 그늘진 세상, 곧 "아래를" 사랑하는 사람으로 살기로 작정했다. 단단하고 견고하게 높아져만 가는 세상이 아니라, 넉넉하고 허술한 마음으로 사는 법을 알려준다. 그 허술하고 깊은 사랑의 풍요로움이 곧 임송자의 시라고 해도 무방할 것이다.

문학의전당 시인선 363

허슐한 마음

ⓒ 임송자

초판 1쇄 인쇄	2023년 7월 14일
초판 1쇄 발행	2023년 7월 21일
지은이	임송자
펴낸이	고영
디자인	헤이존
펴낸곳	문학의전당
출판등록	제448-251002012000043호
주소	충북 단양군 적성면 도곡파랑로 178
전화	043-421-1977
전자우편	sbpoem@naver.com

ISBN 979-11-5896-599-0 03810

*이 책의 판권은 지은이와 문학의전당에 있습니다.
*양측의 서면 동의 없는 무단 전재 및 복제를 금합니다.
*잘못 만들어진 책은 바꿔드립니다.